I0416788

Marketing de base para pequeños negocios locales

En Cápsulas

los secretos del mítico Dan S. Kennedy

INDICE

Prefacio

¿Qué bestias hay detrás de tu puerta?   p. 5

Cap. 1 Regreso al futuro   p. 9

Cap. 2 Aprovechando un problema a tu favor   p. 17

Cap. 3 Planificar las inversiones de marketing   p. 19

Cap. 4 Haz que tu presupuesto rinda más   p. 27

Cap. 5 Estrategias locales   p. 33

Cap. 6 Tácticas locales   p. 37

Cap. 7 ¿Cuál es tu verdadero negocio?   p. 47

Cap. 8 Dentro de las 4 paredes   p. 49

Cap. 9 El correo para vender   p. 55

Cap. 10 Inversiones digitales   p. 61

Cap. 11 Publicidad exterior   p. 63

Cap.12 PR/Noticias locales y eventos   p.67

Note   p. 71

PREFACIO

¿Qué bestias hay detrás de tu puerta?

¿Tu negocio está perdiendo la batalla contra las tiendas online? ¿También te enfrentas a clientes cada vez más caprichosos e inconstantes? ¿Luchas constantemente contra el aumento de costos? Probablemente, hayas intentado imitar la publicidad de las grandes empresas en varios medios, con resultados poco satisfactorios.

Las pequeñas empresas locales son una especie especial; no pueden prosperar intentando replicar lo que hacen las grandes cadenas.

Las pequeñas empresas más fuertes y rentables actualmente confían en lo que Jeff (mi coautor) llama "marketing de base" ("grassroots marketing" en el texto original).

Es un marketing realizado en las calles, creando conexiones directas diariamente dentro de tu propia comunidad local. Se parece un poco al viejo modo de hacer política: organizar voluntarios, tocar puertas, organizar eventos, etc.

Podrías pensar que esto ya no es tan importante en la

era digital y de las redes sociales, pero no es así. Por lo tanto, mi primer consejo para los pequeños empresarios es este: Cada mañana actúa como si fueras el candidato a alcalde de tu ciudad.

Las pequeñas empresas locales son fácilmente víctimas de todo tipo de bestias, especialmente si no cuentan con suficientes clientes leales y devotos.

Incluso en mi consultoría es así: el 85% de mis clientes han estado conmigo durante muchos años.

En el corazón de mi filosofía, concepto que transmito a todos mis clientes, está que, mientras la mayoría de las empresas toman un cliente para hacer una venta, nosotros hacemos la primera venta para intentar mantener al cliente a lo largo del tiempo. El objetivo debe ser la relación a largo plazo, no la venta en sí misma.

Esto también es válido si formas parte de una cadena o franquicia; es importante tratar tu ubicación como si fuera una pequeña empresa local, no puedes depender solo de la marca o su publicidad a nivel nacional.

En este libro, primero examinaremos qué está mal con el uso común de la publicidad y los medios. Esto es importante para evitar caer en la trampa de publicitar cada vez que necesitas nuevos clientes, quizás copiando lo que hacen las grandes marcas.

Luego, estableceremos las bases para una estrategia específica para las pequeñas empresas locales.

Este no es el típico libro escrito por teóricos y académicos alejados de la realidad.

Forma parte de mi serie "Sin tonterías" ("No B.S." en el texto original), por lo que seguramente nos hará algunos enemigos en la industria publicitaria y quizás te dará información difícil de aceptar. Pero, puedes estar seguro de que te dirá la verdad, dura y pura, sin rodeos.

Solo los más fuertes sobrevivirán, por lo tanto, este libro no solo explicará cómo adquirir clientes, sino que principalmente te ayudará a fortalecer tu empresa.

CAPÍTULO 1

Regreso al futuro

A menudo me hacen esta pregunta: "¿Cuál es la mejor publicidad?". La respuesta es que cualquier forma de publicidad puede ser efectiva y, del mismo modo, cualquier forma de publicidad puede ser un completo desperdicio de dinero. Depende de numerosos factores como el tipo de negocio, tu posición en el mercado, la temporada, etc. Es un poco como preguntarle a un médico cuál es la mejor medicina: depende del tipo de enfermedad, condiciones de salud, etc.

Lo que realmente deberíamos preguntarnos es: "¿Cuál es el mejor marketing?". La publicidad es solo una parte del marketing, una disciplina que incluye relaciones públicas, respuesta directa, patrocinios, telemarketing, etc. Siguiendo con la analogía del médico, las medicinas son solo una de las herramientas disponibles; también están las cirugías, dietas, ejercicio físico, etc.

Los compradores de medios y los publicistas aman posar como doctores, pero tienen un solo tratamiento para ofrecer a todos, independientemente de la enfermedad. Al final de su tratamiento, solo habrás gastado dinero sin curarte.

La mayoría de la publicidad se ha vuelto cada vez menos efectiva, parece que la gente se ha vuelto inmune. Al mismo tiempo, los costos de publicidad aumentan. Pagas más por menos.

VERDAD N.1

La publicidad no es la única respuesta a la necesidad de clientes o ventas. Incluso podría no ser la mejor respuesta. La publicidad que más falla es aquella que carece de relevancia personal para los clientes potenciales.

Gran parte de la frustración viene de buscar una solución simple a un problema complejo.

El branding desbocado

A menudo, como ya mencionamos, se termina copiando a las grandes marcas nacionales e internacionales, perdiéndose en detalles que no impactan en las ventas.

Creo que esto se debe a que quienes están a cargo del marketing piensan más en satisfacer su ego para parecer mejores de lo que son en realidad.

Hace tiempo, colaboré con un pequeño franquiciado en la creación de una campaña promocional para aumentar las ventas. La mayor preocupación del director de marketing era el tipo de fuente utilizado. Por supuesto, no estoy diciendo que no sea importante, pero en esa situación específica, había problemas mucho mayores que la fuente. La obsesión por los detalles de imagen de las grandes empresas no está vinculada a las ventas, sino a factores como accionistas, stakeholders, percepciones del mercado. Nada de esto concierne a las pequeñas empresas, que necesitan vender para sobrevivir.

En esencia, la imagen importa, pero no debe dominar tu enfoque de marketing. Sobre todo, nunca debería obstaculizar las estrategias de "marketing de base" contenidas en este libro.

La publicidad tradicional

1. **Periódicos.** La cantidad de lectores de periódicos disminuye año tras año y, los que quedan, son cada vez más distraídos e inmunes a la publicidad. Sin embargo, en algunos casos, todavía puede tener sentido. La pregunta que debes hacerte es esta: ¿Quién lee ese periódico? ¿Es tu cliente ideal?

2. **TV.** Lo mismo aplica a los periódicos. Menos personas la ven, así que siempre pregúntate si vale la pena. No tienes que estar allí simplemente porque los demás lo están.

3. **Radio.** Es una elección complicada; tienes que elegir la estación correcta, en el momento correcto del día, la repetición adecuada, la duración adecuada y el mensaje correcto. Además de estos factores, se debe considerar también el CPM (Costo por Mil). Se trata de saber cuánto estás pagando por alcanzar a 1000 personas de la audiencia. Finalmente, está la geolocalización. Muchos negocios

locales terminarían alcanzando a personas demasiado lejanas, a menos que se trate de una atracción como un zoológico, un restaurante especial o un servicio a domicilio.

4. **Publicidad exterior.** Los carteles, para funcionar, necesitan de un mensaje de absoluta simplicidad. Por esto, funcionan mejor con marcas nacionales muy reconocibles. Para todos los demás, a menudo el costo supera al beneficio.

VERDAD N.2

No tiene sentido hacer publicidad en las páginas amarillas o directorios varios. ¿Por qué enviarías a los clientes al único lugar donde están todos tus competidores?

Marketing no convencional

1. **Internet.** Nadie puede permitirse el lujo de no usar Internet, lo importante es encontrar un equilibrio entre la inversión y el retorno económico. Un buen sitio web puede ser muy costoso de crear y requiere mantenimiento constante. La publicidad online también puede ser útil, pero es muy costosa, especialmente si no sabes cómo usarla o si no tienes una estrategia.

2. **Marketing telefónico y telemarketing.** Las empresas locales a menudo subestiman

las llamadas entrantes. Puedes gastar todo el dinero que quieras en publicitar tu número de teléfono pero, si cuando te llaman, responde un contestador automático o, peor aún, nadie responde, estás haciendo un esfuerzo inútil. El primer contacto es el más crítico y al que se debería prestar más atención.

La venta

La venta y el marketing a menudo no se llevan bien. Sin embargo, un verdadero mercadólogo ve la venta como otra herramienta de marketing. En una pequeña empresa, puede que no haya un vendedor de verdad, pero de alguna manera, hay alguien que cumple con ese rol. La venta es el paso final de todo el proceso de marketing. Entre los errores de quienes no son vendedores de verdad está el no hacer seguimiento. A veces sucede que alguien nos contacta para pedir información sobre un producto o servicio, pero luego nunca más es contactado de nuevo. ¡Un grave error!

Otro error que cometen muchos, incluso vendedores experimentados, es no escuchar lo que dice el cliente, sus necesidades y sus dudas.

Agencias de publicidad

Las agencias a menudo aman pensar en sí mismas como un servicio completo: se ocupan tanto de la elección de los medios como de la creación del mensaje. El problema con las agencias locales es que a menudo sueñan con ser grandes agencias nacionales. Es un negocio creativo, cierto, pero a menudo la creatividad se interpone, impidiendo la creación de un mensaje efectivo y castrando las ventas.

Además de las agencias, están los profesionales, cada uno especializado en su campo: videógrafos, compositores de jingles, diseñadores gráficos, fotógrafos. Cada uno de ellos trata, obviamente, de venderte su servicio, eres tú quien debe decidir si realmente tiene sentido para tu negocio.

R.P. (Relaciones Públicas)

Aunque un comunicado de prensa y artículos pueden costar menos que la publicidad clásica, hay un problema: no tienes control total sobre el mensaje, el periodista escribirá lo que quiera.

Si logras crear una historia que los periódicos quieran compartir por su cuenta, puede ser incluso a costo cero, pero no siempre es fácil lograrlo. La ventaja de una historia en los periódicos es que es más creíble que la publicidad clásica.

Convenciones, ferias y exposiciones

Son una excelente oportunidad que, sin embargo, a menudo se convierte en eventos muy aburridos. En estos casos, es muy importante planificar un desarrollo que incluya alguna forma de entretenimiento, de lo contrario, nadie escuchará atentamente tu mensaje de marketing. Además, nunca subestimes todos los costos asociados: entradas, alquiler de equipos, personal de viaje, electricidad, etc.

Gadgets de marca

Gorras, tazas, bolígrafos y cualquier cosa con un logo entran en esta categoría. Claro, pueden ayudar a recordar tu empresa pero, si no forman parte de una estrategia más amplia, son solo un desperdicio de dinero que podría ser más útil gastado de otra manera.

VERDAD N.3

Un montón de dinero se desperdicia cada año por empresas locales en patrocinios llamados. A menos que sepas exactamente lo que estás haciendo, nunca verás un retorno de la inversión (ROI). Así que, a menos que tu hijo esté en el equipo de fútbol, no tires así tu dinero.

Algunas consideraciones

A menudo hay tanta confusión e ignorancia que recomiendo empezar de cero, o casi. Detén todo y busca alternativas en lugares donde nunca lo has hecho.

Deja de lado todos los prejuicios, preferencias personales, hábitos y mira con ojos nuevos lo que realmente puede traerte mejores clientes a un precio más bajo, según tu situación.

Esto también podría significar volver al marketing de los orígenes, dejando de lado métodos más modernos y brillantes, y prestando más atención a la sustancia que a la forma.

CAPÍTULO 2

Aprovechando un problema a tu favor

Cada vez más personas se sienten atraídas por los descuentos de grandes grupos y cadenas, adelgazando constantemente las filas de tus clientes. Sin embargo, los pequeños negocios tienen una arma que ningún gran negocio podrá tener, aunque a menudo no la aprovechan suficientemente. Estoy hablando de la relación personal con los clientes. Si piensas que a la gente no le importa esto, estás equivocado; casi todos prefieren interactuar con personas reales y, sobre todo, quieren conocer a los propietarios/empleados de un negocio.

En resumen, cuanto más te conozcan a ti y a tus empleados, más comprarán de ti. Por esta razón, siempre me gusta incluir algunos detalles personales en los anuncios que creo para mis clientes. Aunque parezcan detalles superfluos, en realidad hacen la diferencia.

Como dijimos en el primer capítulo, no existe un tipo de publicidad bueno o malo, siempre depende del contexto y de la estrategia.

Por ejemplo, dijimos que los carteles a menudo no

tienen un buen retorno de la inversión debido a la brevedad del mensaje y al alto costo de producción. Imagina, sin embargo, uno de esos vehículos de marca estacionado frente a una casa donde estás trabajando, en una zona residencial, justo cuando todos vuelven a casa. Imagina también que tus empleados están bien vestidos, con uniformes ordenados y que, en caso de solicitar información, son amables y conectan al prospecto con un vendedor por teléfono que explica todos los detalles sobre el servicio.

Imagina también que todas las casas de la zona reciban al finalizar el trabajo una serie de cartas con testimonios de sus vecinos explicando lo bien que les fue contigo. Bueno, en este caso realmente podría valer la pena.

En conclusión, cualquier medio que decidas usar, hazlo como si fuera una extensión de tu personalidad y como un puente para construir relaciones. Las grandes empresas no pueden hacer nada de esto.

VERDAD N.4

Nada puede reemplazar las relaciones reales y personales entre la empresa y los clientes.

CAPÍTULO 3

Cómo planificar las inversiones de marketing

¿Cómo sabes si tu plan de marketing está funcionando? El primer paso es establecer cuál es tu resultado deseado y rastrear todo. También debes ser capaz de calcular cuánto estás dispuesto a invertir para adquirir cada cliente y aumentar el ticket promedio por cliente.

La importancia del ROI

El ROI es el retorno sobre la inversión, es decir, la relación entre cuánto has gastado en marketing y cuánto has facturado como resultado del mismo. Si la inversión te costó X y generó Y en ventas, haces X-Y y tendrás tu ROI.

¿Cuánto vale un cliente nuevo?

Pocas empresas conocen este dato, sin embargo, es fundamental para planificar las inversiones y comprender mejor cómo funciona su empresa.

Para calcularlo, responde a estas preguntas:

1. ¿Cuál es el ticket promedio?

2. ¿Cuál es la frecuencia de compra de tus clientes? (cada día, cada semana, cada mes, etc.)

3. ¿Qué porcentaje de los nuevos clientes se convierten en habituales?

4. ¿Cuál es, en promedio, la duración del ciclo de vida de un nuevo cliente (la duración de la relación)? (días, meses, años?)

5. ¿Cuántos nuevos clientes llegan gracias al boca a boca? Estos son generalmente los mejores clientes.

Cuando calcules tu ROI considera que hay 3 tipos:

1. **Inmediato.** Ingresos generados directamente por una promoción o campaña específica.

2. **A largo plazo.** Esto tiene en cuenta todas las ventas generadas a lo largo del tiempo por cada cliente individual (ciclo de vida).

3. **Multi-input.** Si tu publicidad aparece cada mes en las páginas de una revista mensual, ¿notas un aumento en las ventas mes tras mes? Si es así, estás beneficiándote de la repetición de este anuncio. Puede ser que las primeras 2 tuvieran un ROI negativo, pero a partir de la tercera empiezas a ver un beneficio creciente. En este caso, debes calcular el ROI sobre la duración total anual, no mes a mes.

El valor de un cliente habitual

La frecuencia de compra de un cliente habitual depende del tipo de actividad; un bar tendrá una frecuencia mayor en comparación con una tienda de mascotas o una tienda de ropa. Identifica cuál es la frecuencia razonable para un cliente habitual en tu negocio (varias veces a la semana, al mes o al año).

Luego, multiplica el ticket promedio por este valor. Por ejemplo, si tu frecuencia es una vez a la semana y tu ticket promedio es de 10€, multiplicando 10€ por 52 tendrás el valor de un nuevo cliente habitual en un año: 520€.

Objetivo de aumento de facturación

Supongamos que el año pasado facturaste 1.000.000 € y este año quieres aumentarlo un 5% (+50.000 € en ventas).

Para saber cuántos nuevos clientes habituales necesitas para alcanzar el objetivo, simplemente divide 50.000 € (ventas) por 520 € (valor del cliente). El resultado es que necesitas 96.1 clientes para generar 50.000 € en ventas adicionales.

¿Cuál es tu tasa de conversión?

Ahora necesitas entender cuántos, de todos los nuevos clientes, se convierten en clientes habituales. Normalmente el porcentaje varía entre el 12% y el 25%, a veces incluso el 50%.

Supongamos que tu porcentaje es del 25% (un cuarto de todos los nuevos clientes). Sabes que necesitas 96 nuevos clientes habituales para alcanzar el objetivo. Multiplicando 96 por 4 tendrás el número total de nuevos clientes que necesitas atraer en un año (384). Dividiéndolos por 12, sabes que cada mes necesitas atraer 32 nuevos clientes para alcanzar el objetivo anual del 5% de aumento en la facturación.

¿Y los viejos clientes habituales?

Cada vez que haces una promoción abierta a todos, no solo atraes a nuevos clientes, sino también a aquellos que ya son tus clientes habituales.

La parte difícil es entender si esas personas habrían venido de todos modos pagando el precio completo o si vinieron una vez más gracias a la promoción. En el primer caso pierdes, en el segundo ganas. Sin embargo, podría valer la pena, especialmente si logras adquirir suficientes nuevos clientes que luego se convierten en otros clientes habituales.

Pongamos un ejemplo: haces un descuento de 2€. De las 100 personas que lo utilizan, 50 ya eran clientes habituales que habrían venido de todos modos, así que (en la práctica) has perdido 100€. Otros 25 eran clientes habituales que vinieron una vez más gracias a la promoción y gastaron 8€ más de lo usual gracias a la promo (en total +200€). Entonces, considerando solo los 75 clientes habituales, de todos modos has ganado 100€.

Luego, están los 25 nuevos clientes restantes. Considerando siempre nuestra tasa de conversión del

25%, deberían convertirse en 6.25 nuevos clientes habituales. Dado que sabemos que cada nuevo cliente habitual vale 520€ al año, sabes que de esa única promoción (además de los 100 €) finalmente ganarás 3250 € más a lo largo del año gracias a los nuevos clientes.

Si esa fuera la única promoción que haces, para alcanzar el 5% más de facturación en un año, deberías repetirla 14, 15 veces.

VERDAD N.5

La matemática no es simple, pero calcular correctamente los números de tu empresa es esencial para ganar contra los grandes y aumentar el retorno en cada Euro invertido.

La complejidad del ROI multi-input

Estos cálculos se vuelven más complicados cuando mezclas medios. Es posible que un cliente te haya visto primero en el periódico, luego recibió una recomendación de un amigo y luego te siguió en Instagram. Luego, después de un mes, decide visitarte y a tu pregunta "¿Cómo nos conociste?" responde Instagram. Sin los otros puntos de contacto, sin embargo, esto no habría sucedido.

Cómo rastrear los datos

Rastrear los resultados de tus esfuerzos de marketing

es fundamental para entender qué funciona y qué no.

Hay 4 formas de aumentar las ventas de un negocio local:

1. Aumentar los clientes;

2. Aumentar la frecuencia de compra;

3. Aumentar el ticket promedio;

4. Convertir las compras actuales en más productos o servicios con un margen más alto.

Si tu marketing impacta positivamente en al menos uno de estos puntos, tendrás un ROI positivo. Puedes rastrear estos datos de 4 maneras:

1. El número de visitas a la tienda;

2. El número de llamadas telefónicas;

3. El número de correos electrónicos o pedidos;

4. El número de visitantes del sitio web.

Mientras es fácil rastrear las ventas de un e-commerce o una publicidad de respuesta directa, a veces resulta más difícil. Veamos qué se puede hacer en estos casos:

- **Cupón de papel.** Es una de las formas más sencillas de rastrear los resultados. Cuesta poco y el cliente debe llevarlo físicamente para obtener el descuento. Más difícil es determinar si se trata de un cliente nuevo o habitual. Deberías entrenar al personal para preguntar si es su primera vez en la tienda (y registrarlo en el mismo cupón, para poder contarlos al final y restarlos del número total de cupones canjeados);

- **Códigos de descuento, números de teléfono exclusivos, direcciones de correo electrónico o URL dedicadas.** Se pueden usar para publicidad en periódicos, radio, redes sociales, carteles y correo. De esta manera, puedes entender exactamente de dónde vienen los clientes y qué anuncio está funcionando mejor.

VERDAD N.6

Si no puedes rastrearlo, no lo hagas. Si no puedes rastrear los resultados de tu marketing, nunca sabrás si está funcionando o no.

Gestionar el seguimiento

Los empleados juegan un papel crucial en este proceso porque deben hacer preguntas a los clientes y registrar las respuestas. Para simplificar su trabajo, puedes asegurarte de que siempre tengan encuestas disponibles para que los clientes las completen o para completarlas ellos mismos fácilmente.

Para asegurarte de que los empleados realicen su trabajo correctamente, puedes incentivar a aquellos que produzcan más encuestas o enviar compradores misteriosos para verificar que todos sigan los procedimientos (quizás dando un pequeño premio a quienes lo hagan).

VERDAD N.7

Hay muchas cosas que puedes hacer con la publicidad y el marketing, pero eso no significa que debas hacer todo lo que está de moda o todo lo que hacen las grandes empresas. No todos tienen tus mejores intereses en mente, depende de ti rastrear y analizar tanto como sea posible para entender qué tiene sentido en tu situación específica.

CAPÍTULO 4

Haz que tu presupuesto publicitario rinda más

Los costos publicitarios aumentan día a día. Anunciarse es cada vez más caro y menos efectivo porque las personas ya son inmunes a los mensajes publicitarios. Esto se vuelve aún más dramático si tenemos un producto masivo y, por lo tanto, necesitamos alcanzar a una audiencia amplia.

Es definitivamente más simple y económico dirigirse a un nicho específico de personas, con un mensaje hiper-específico.

Una posibilidad radical

Intenta cortar tu presupuesto publicitario a la mitad.

Tu objetivo ahora es obtener los mismos resultados gastando la mitad del presupuesto, ¡exprime tus neuronas!

Aquí tienes lo que puedes hacer con la mitad restante: usa el 10% para implementar algunas tácticas contenidas en este libro para integrarlas con la publicidad actual. Lo que queda úsalo como quieras: ve de vacaciones, haz un regalo a tu esposa o a tus empleados. No malgastes dinero en publicidad que no funciona.

Cómo aumentar el rendimiento en la TV

Intenta vincular tu publicidad con el contenido de un programa de televisión.

Imagina lograr saber que un programa importante de una cadena local está organizando un episodio sobre estilo personal con consejos sobre maquillaje, peinado y vestimenta. Si tienes un salón de belleza o eres esteticista/peluquero, vendes cosméticos/ropa o servicios de cuidado personal, podrías colocar tu publicidad durante el show. De esta manera, alcanzarías a personas definitivamente interesadas en tu producto/servicio en comparación con los espectadores de un programa de cocina.

O podrías promocionar tus viajes en crucero durante los anuncios de las repeticiones de El Crucero del Amor (¡con Titanic no creo que funcionaría!).

Cómo maximizar el rendimiento del presupuesto

Imagina que vendes aires acondicionados y tienes un acuerdo con la radio para emitir tu publicidad solo cuando la humedad sube por encima del 50% o la temperatura supera los 30 grados, justo cuando los clientes más lo necesitarían.

O imagina promocionar tu servicio de lavado de autos solo cuando el pronóstico del tiempo dice que habrá 2-3 días seguidos de sol.

O aún, imagina promocionar un servicio de entrega a domicilio en días de lluvia, cuando las personas evitan salir bajo el aguacero.

Antes de comprar espacios publicitarios en cualquier plataforma, realmente debes entender quiénes son tus clientes (demográficamente, geográficamente y psicológicamente). Solo así podrás identificar el medio más efectivo para alcanzarlos.

Publicidad en radio

A veces puede suceder que haya horarios en la radio donde la publicidad cueste realmente poco o nada.

Después de negociar el precio de la publicidad en los horarios que más me interesan, siempre pregunto si es posible emitirlos gratis también en horarios que nadie quiere, ¡algunos aceptan!

Un consejo que siempre doy a mis clientes con presupuestos limitados es nunca gastar en la estación de radio más importante de la ciudad. La razón es simple, son los más importantes y por lo tanto es más difícil que te hagan un buen precio. A menudo, la estación n.º 1 tiene a lo sumo el 20% de los oyentes totales, lo que significa que potencialmente puedes comprar el 80% restante del mercado usando todas las otras estaciones y posiblemente gastando menos.

El factor determinante para elegir una estación es el CPM (Costo por Mil), es decir, el costo para alcanzar a 1000 oyentes de tu audiencia.

Supongamos que tu audiencia objetivo son mujeres de entre 25 y 54 años. La radio n.º 1 en la ciudad podría no ser la correcta para este segmento de personas. Elige muy bien el canal o solo desperdiciarás dinero.

Frecuencia. Usualmente, para que un mensaje publicitario en radio sea efectivo es necesario que sea escuchado al menos 5 veces. Si la estación que has elegido es demasiado cara para tener esta frecuencia, debes elegir un horario más económico o cambiar de estación. Nunca reduzcas la frecuencia.

Un par de ejemplos creativos

Una pizzería en Colorado tenía un pequeño anuncio en las páginas amarillas que funcionaba muy bien. En cierto punto, llegó Domino's a su área con un presupuesto superior y anuncios mucho más grandes y visibles.

En ese momento, el dueño de la pizzería creó una campaña que decía: "¡Quien arranque y nos traiga el anuncio de Domino's de las páginas amarillas recibe una pizza gratis!". Después de un tiempo, los anuncios de Domino's eran inencontrables en cualquier directorio de páginas amarillas.

O escucha esta historia de un servicio de alquiler con conductor llamado "No lo sé". Cuando la centralita preguntaba al cliente: "¿Qué proveedor quisieras?", la respuesta era a menudo "No lo sé".

Son ejemplos extremos, pero ilustran lo que significa pensar y buscar soluciones creativas a los problemas.

CAPÍTULO 5

Estrategias locales

El marketing de un negocio local, obviamente, debe concentrarse en el vecindario y el área geográfica que puede servir con sus productos o servicios. Los medios masivos casi siempre tienen costos prohibitivos.

Puede haber muchas tácticas diferentes, pero no todas funcionan bien en cada situación. Tu tarea es encontrar ideas para aprovechar cada oportunidad de promoción a costo cero (o casi) para generar nuevos clientes y hacerlos recurrentes en el tiempo. Pero, sobre todo, necesitas un poder ejecutivo notable, no puedes permitirte fallar en la ejecución.

VERDAD N.8

La mayoría de los planes de marketing y estrategias a nivel local no fallan por falta de buenas ideas, sino por una ejecución deficiente y falta de seguimiento. El compromiso y la constancia son más importantes que la creatividad.

Implementar un plan

Es crucial que la persona (o personas) que implementen el plan sean internas a la empresa. Lo ideal sería que lo hiciera el propietario o el gerente, por estas razones:

- Si tienes que pagar a alguien para hacerlo, los costos no te cuadrarán;

- Para descubrir todas las posibles oportunidades de publicidad gratuita o de bajo costo, debes estar inmerso en la comunidad en la que operas. Un externo nunca podría hacerlo por ti;

- A medida que estos programas crecen y se desarrollan, el gerente/propietario se vuelve cada vez más conocido en la comunidad, y este aspecto es una palanca fundamental que permite potenciar el mensaje publicitario.

Los errores más comunes

1. No darse suficiente tiempo para desarrollar el plan;

2. No proporcionar capacitación y apoyo a las personas encargadas de la implementación;

3. Confiar en agencias externas que no tienen experiencia con estrategias de marketing local y, por lo tanto, crean complicaciones innecesarias y dañinas.

4. Falta de procedimientos o poca atención en la

ejecución de los mismos;

5. Esperar resultados inmediatos e irrealistas.

CAPÍTULO 6

Tácticas locales

En este capítulo veremos tácticas que te proporcionarán algunas ideas. Tu tarea es esforzarte por adaptarlas a tu sector, con las modificaciones necesarias. Claramente, no todas se podrán usar en todos los sectores, pero, cuanto más pienses en ellas, más aprenderás a encontrar soluciones creativas.

Apretón de manos y tarjeta de visita

En un periodo de 11 semanas, la gerente de una tienda de comestibles entregó 200 tarjetas de visita a personas que no reconocía como sus clientes. Entregó 10 al día; en cada una escribió a mano "bebida o café gratis" y firmó. Mientras entregaba las tarjetas, después de presentarse adecuadamente, decía: "Si vienes, te invito a una bebida". De 200 entregadas, 51 aceptaron la invitación, más del 25%. Obviamente, durante la primera visita también compraron otras cosas y algunos de estos han vuelto varias veces.

Este tipo de promoción funciona muy bien porque se crea una relación personal entre el cliente y el propietario. A quién no le gustaría conocer a las personas con las que hacen negocios? Nos hace sentir especiales.

Por eso es importante usar la tarjeta de visita, no folletos promocionales creados ad hoc. ¡La escritura a mano y la firma marcan la diferencia!

La promoción del parabrisas

Un exitoso corredor de seguros utilizaba esta táctica. A menudo viajaba por un tramo de carretera con peaje (1$) y antes de pagar en el peaje, miraba el vehículo detrás de él.

Si se trataba de un coche de lujo, pagaba también la tarifa del otro automovilista. Luego, entregaba al cobrador del peaje su tarjeta de visita con una nota: "Si piensas que este es un modo interesante de captar tu atención, imagina lo que podría hacer por tu portafolio financiero". De esta manera, obtuvo muchos clientes.

El sorteo de tarjetas de visita

Si entre tus clientes hay muchos profesionales, puedes pensar en el sorteo de tarjetas de visita. Solo necesitas crear un rincón con un contenedor transparente y decidir sortear uno o más premios. La información contenida en las tarjetas puede ser utilizada para fines comerciales como boletines, promociones o fines estadísticos. Obviamente, si algunos clientes quieren participar pero no tienen una tarjeta de visita, pueden escribir su nombre, correo electrónico y dirección en un papel.

Después de algunas semanas, extrae los ganadores y recopila todos los datos. Lo ideal sería tomar un mapa de tu zona e insertar un alfiler por cliente, para darte cuenta de qué zonas están más cubiertas y cuáles menos. Para evitar confusiones, deberían hacerse dos promociones diferentes: una con las tarjetas de visita (o información laboral) para identificar las empresas potencialmente interesantes y otra con la información personal (dirección de casa). De esta manera, puedes mapear científicamente todas las áreas de tu ciudad y decidir en cuáles intervenir de manera más decisiva.

Esta información también puede ser útil para decidir en qué periódicos/radios/TV locales invertir o dónde colocar vallas publicitarias.

Promociones cruzadas y asociaciones

No siempre es fácil encontrar el tiempo para reunirse con otros comerciantes del área para crear nuevas promociones. Escucha lo que hice para este cliente mío, un taller especializado en cambios de aceite rápido.

Un día, en la sala de espera, noté a un señor bien vestido y comenzamos a charlar. Así descubrí que se había mudado recientemente al área y que era un gerente de la sede de John Deere a aproximadamente una milla de distancia. Estaba muy satisfecho con el servicio, así que le pregunté si estaba interesado en ofrecer un beneficio gratuito a los 300 empleados de la sede.

Entonces, configuré una tarjeta VIP que ofrecía un 10% de descuento en el cambio de aceite a todos los empleados por un período de 3 meses. Estas tarjetas VIP también incluían el logo de John Deere y la única condición era la inclusión de la promoción dentro del sobre de pago, para asegurarse de que todos recibieran una.

Cuanto más conozcas a tus clientes, más oportunidades tendrás para promocionar tu negocio.

O toma el caso de Jason, el gerente de una tienda de cómics. En el momento del lanzamiento de la secuela de Batman, decidió configurar una promoción con el cine durante el período de proyección de "Batman Returns". Con cada boleto vendido, se entregaba un descuento de un dólar en una compra de 10 en todos los gadgets de Batman.

El cine entregó 10,000 cupones, de los cuales 150 fueron utilizados y 50 se convirtieron en clientes habituales, gastando un promedio de 10 dólares a la semana.

Así que, con un gasto de solo 100$, Jason generó 26,000$ en ingresos anuales. ¡Ahora solo necesita repetir la promoción con Catwoman, X-Men, Spiderman, etc!

Las 3 I en la promoción cruzada

- **Inversión.** Lo más costoso de cualquier publicidad es comprar espacio publicitario para llegar a tus clientes potenciales. Con una promoción cruzada, en cambio, la difusión del mensaje es gratuita; incluso el costo de producción es mínimo;

- **Influencia.** La promoción cruzada te da la misma precisión geográfica que una campaña de correo masivo porque se dirige a personas que frecuentan un área específica. Si ves que hay un área donde tienes pocos clientes porque hay un competidor bien establecido, puedes crear promociones quirúrgicas dirigidas a personas que se encuentran bastante lejos (veremos por qué). Imagina a un cliente esperando el cambio de aceite y viendo en la sala de espera volantes que dicen "Galletas a 99 centavos". Va al bar de al lado y después de pagar la galleta recibe un descuento de 2$ en el cambio de aceite para presentar al final del servicio. Genial, ¿verdad? Lástima que las dos actividades en cuestión han canibalizado a los clientes ya fidelizados, aquellos que habrían pagado el precio completo de todos modos, erosionando las ganancias sin fidelizar a nuevos clientes. Por eso es importante dirigirse a personas de más lejos (al menos una milla) porque normalmente no vendrían a ti;

- **Integridad.** Uno de los mayores beneficios de estas promociones es que proteges la llamada "integridad de precios" porque el descuento lo entrega el comerciante asociado, por lo que es como si la responsabilidad fuera suya. Si el descuento lo das tú directamente a los clientes, podrían acostumbrarse pronto y no querer pagar el precio completo.

Cómo configurar la promoción

¿Cómo convences a un comerciante para distribuir tu publicidad gratis? Aquí tienes un ejemplo de lo que puedes decir:

Me llamo X de la tienda Y aquí cerca. Vi una promoción que funcionó bien y quería proponértela también a ti. (Si es posible, mostrar un ejemplo de la otra promoción). Quería darte la oportunidad de ofrecer algo más a tus clientes, una forma de agradecerles por su lealtad. ¿Qué te parece?

A menudo, en este punto, te preguntarán cuánto costará y tú responderás "¡Nada!". ¡Trato hecho!

Ahora solo queda saber cuántos clientes tiene la tienda para saber cuántos boletos imprimir y una copia de su logo (para imprimir en el boleto).

En el boleto basta con escribir algo como "Este es un agradecimiento especial de (logo de la tienda) firmado por (nombre del propietario/gerente)".

La promoción cruzada inversa

Te contaré la historia de cómo un joyero en Indiana logró evitar que sus clientes recorrieran otras joyerías para elegir el anillo de compromiso a través de un "paquete de boda".

El gerente fue a todos sus amigos que tenían que ver con la cadena de bodas. Les preguntó cuánto valdría para ellos tener acceso a parejas que estaban por casarse. Les pidió que hicieran una oferta exclusiva para sus clientes. Recopiladas todas las ofertas, las puso en un hermoso sobre similar a una invitación de boda y así creó el paquete para ofrecer a los clientes que compraran un anillo de compromiso de él en el acto.

El valor de este paquete era de aproximadamente 1000$ e incluía salón de belleza, alquiler de limusina, agencia de viajes, floristería, trajes de ceremonia, fotógrafo, pastelería, pérdida de peso, etc.

Cuando una pareja estaba un poco indecisa debido al precio del anillo, lanzaba su as: "Si lo tomas hoy, tienes este paquete de regalo valorado en 1000$". De esta manera, cerró muchas más ventas a costo cero.

¿Cómo se hace con los profesionales?

Escucha la estrategia que usó una representante de farmacéuticos. Sabía que la mitad de los 400 médicos a los que atendía jugaban al golf, pero no tenía presupuesto para comprar regalos para darles. Entonces, fue a una tienda de accesorios de golf y preguntó cuánto valdría para ellos adquirir algunos cientos de médicos golfistas como clientes. El gerente de la tienda sabía que cada médico le generaría aproximadamente 2000$ de ingresos en 18 meses. La representante obtuvo 200 cupones para un paquete de bolas de golf Titleist, valor comercial 25$. El cupón tenía una duración de 2 semanas desde la entrega en persona al médico. Fue un enorme éxito.

Hizo lo mismo para ganarse a las secretarias de los médicos ofreciendo 100 manicuras gratis en asociación con un salón de belleza recién abierto en la ciudad.

Promociones estacionales

Hay negocios que se benefician más de otros de los picos estacionales: floristerías, joyerías, pastelerías, fotógrafos. Si estás entre estas categorías, te conviene aprovechar ocasiones como Navidad, San Valentín, Pascua, Día de la Madre, etc.

Si quieres más exposición a principios de año, puedes hacer una promoción cruzada con empresas relacionadas con "buenos propósitos" como pérdida de peso, gimnasios, etc. En Halloween, puedes hacerlo con una tienda de alquiler de disfraces.

Es importante planificar con 3 meses de antelación para asegurarte de tener todo listo y organizado.

El bucle de competidores

La primera vez que usé esta promoción fue cuando tenía acciones de un nightclub. Sabíamos que muchos de nuestros clientes habituales pasaban por muchos otros locales en la misma noche (hasta 20 por noche).

Así que creamos un circuito (bucle) de 6 locales. Cada uno de nosotros daba un cupón a la salida del local válido para los otros miembros del circuito, de manera de evitar la dispersión en locales fuera del circuito y aumentar las ventas de los locales asociados.

Otro ejemplo fue cuando 2 restaurantes de comida rápida (uno nacional y el otro regional) vieron llegar un nuevo competidor en su área. Decidieron aliarse para bloquearlo, con estas iniciativas:

- Durante la semana anterior a la apertura, los dos restaurantes se promocionaban mutuamente con volantes;

- Ambos cerraron por media jornada durante la inauguración del nuevo competidor, colocando un letrero afuera "Estamos cerrados en honor a nuestro nuevo vecino. ¡Vayan allí!". Dado que seguramente no esperaban el 100% de los clientes del área durante el día de apertura, probablemente tendrían dificultades para atender a todos a tiempo.

El poder de las promociones cruzadas va más allá de la economía de la operación porque resulta mucho más creíble que un anuncio en los medios masivos.

CAPÍTULO 7

¿Cuál es tu verdadero negocio?

Como invitado en muchos seminarios, me he encontrado varias veces con el presidente Bush "padre". La primera vez que lo conocí, hablamos brevemente. Un mes después, lo volví a encontrar y me preguntó cómo iban mis libros y las carreras de caballos, finalmente, también me preguntó qué pensaba sobre una noticia en el mundo de la publicidad.

Cuando le pregunté a su esposa Barbara cómo lograba recordar todo eso, me dijo que:

- Había entrenado su memoria;

- Creaba notas sobre todos los que conocía, para poder refrescar su memoria antes de volver a verlos;

- Era su deber como político;

- Nunca se sabe de quién necesitarás un favor o una donación.

Entonces, ahora te hago la pregunta de un millón de dólares: ¿cuál es tu verdadero negocio?

Muchos confunden el servicio/producto que ofrecen (entregables) con su negocio. Si tienes un restaurante, pensarás que estás en el negocio de la restauración, pero estarías equivocado. Toma a Bush, sabía que gobernar era su entregable pero su verdadero negocio era crear relaciones, recaudar fondos, influir y todo lo que tenía que ver con el aspecto local y personal.

Muchos mercadólogos "NO B.S." se consideran primero como mercadólogos en el sector del marketing, y solo después como mercadólogos de restaurantes o centros de estética, etc.

Además, utilizan el marketing de manera que crean una relación personal a nivel local con los clientes.

Lamentablemente, no son muchos los empresarios que están dispuestos a hacer todo lo necesario para inmunizar su empresa contra la destrucción de precios en línea y de las grandes cadenas.

Una de las claves para tener una empresa inmune a todo esto es la construcción constante de relaciones personales con sus propios clientes y con la comunidad en la que opera.

La pequeña librería de mi pueblo no puede competir con la gran selección de títulos, la facilidad de compra y los descuentos de Amazon. Su única inmunidad es que me gusta ir allí, escuchar qué libros han elegido presentar y por qué, descubrir títulos que no habría buscado y ser parte de la comunidad.

CAPÍTULO 8

Dentro de las 4 paredes

Algunas de las mejores ideas de "marketing de base" se pueden hacer directamente dentro de la empresa. La ventaja es que tú tienes el control total sobre la implementación, sin intermediarios, y la inversión de tiempo es mínima.

Concurso de empleados

Es muy simple y se puede hacer varias veces al año.

Primero crea un descuento fuerte, debe ser mejor que un descuento normal. Este certificado debe contener en la parte inferior la firma del empleado y la fecha.

Un cliente nuestro recibió 942 visitas de esta promoción, de las cuales 250 eran nuevos clientes. Su conversión de nuevo cliente a habitual es del 27%; esto significa que, de esos 250, 67 se convertirán en clientes habituales con un valor de 500$ al año.

Por lo tanto, en los 12 meses siguientes a la promoción, nuestro cliente agregó 33.500$ a su facturación, con un costo ridículo de alrededor de 50$.

Funciona así: la participación es voluntaria y todos los empleados pueden participar. Se entregan 50 boletos a cada uno y se les hace firmar, explicando que deben distribuirlos en su tiempo libre, preferiblemente lejos del local (para alcanzar la mayor cantidad posible de nuevos clientes).

Cuando los clientes se presentan en el lugar, se retira el boleto, cada semana se cuenta quién ha obtenido más y se designa al ganador, quien recibirá un premio de tu elección previamente acordado (vales de descuento en otras empresas, días libres extra, etc.).

Referencias de clientes (Customer Referral)

Hagamos un ejemplo: para un gimnasio o similar, con cada nuevo cliente o suscripción se podrían dar 3 cupones de referencia para una semana gratis o 2 clases gratis. El nuevo miembro escribe la fecha y firma en el cupón para dárselo a amigos y familiares. Por cada persona que se inscriba como resultado del programa, el referente recibe un descuento (un mes gratis o un premio en efectivo). Si el cliente es tan bueno como para usarlos todos, se pueden dar más (virtualmente infinitos...).

Al igual que con el concurso de empleados, aquí también se pueden premiar, tal vez anualmente, a los clientes que han hecho más referencias, tratando de incentivarlos aún más.

Sugerencias de venta

Puede ser tan simple como decir: "¿Quieres también las papas fritas?" o un poco más complicado. Te doy un ejemplo de un cliente mío restaurantero: para incentivar al personal a vender más postres, creó un concurso donde el mejor camarero ganaba un postre para lanzar en su cara. Esta táctica tuvo un éxito increíble porque los camareros realmente se esforzaban en sugerir el postre, no era una imposición, de hecho, para ellos era pura diversión.

Premiar a quienes respetan las citas

¿Cuánto te cuestan las ausencias, aquellos que no respetan las citas? Hemos estimado que para un dentista puede costar hasta el 30% de la facturación. En el caso de un cliente nuestro ascendía a unos 130.000$ al año, por lo que decidimos gastar 10.000$ para contrarrestar este fenómeno. Aquí está lo que pusimos en el nuevo programa:

- 6 meses antes de comenzar promovimos el programa con los clientes;

- Cada paciente siempre debe tener 2 citas consecutivas de chequeo;

- Si cancelan, mueven la fecha o no se presentan, quedan descalificados;

- Todos los pacientes se reúnen para una fiesta de fin de año;

- El paciente debe seguir las indicaciones de tratamiento;

- Se extrae un ganador de un gran premio final durante la fiesta.

En caso de que un cliente llame para mover la cita, a menudo basta con recordarle que quedará descalificado para el gran premio final para hacerle cambiar de idea (sucede en 2/3 de los casos).

Exposiciones mutuas

Escucha esto: una tienda de accesorios de buceo montó una verdadera vitrina dentro de una agencia de viajes, cerca del cartel que promocionaba cruceros con puntos de buceo panorámico.

Además de los maniquíes totalmente equipados, había la promoción de una clase gratis para cualquiera que comprara un crucero. De esta manera, la tienda de accesorios aumentó su exposición llegando a un público de clientes potenciales que, de otro modo, no la habrían considerado como una opción.

Esta promoción puede ser utilizada por muchas actividades diferentes y puede potenciar aún más una cross-promotion ya rentable, como las que hemos visto anteriormente.

Carteles internos

Si tienes una sala de espera o una recepción, utiliza todo lo que puedas para reforzar tu autoridad ante clientes y curiosos. Cartas de agradecimiento, artículos, premios... ¡ponlo todo bien a la vista!

Promociones "peludas"

Un fast food en Carolina del Norte creó esta promoción: "Los perros comen gratis". En práctica, recogen toda la comida sobrante en los platos de los clientes y la empaquetan en porciones cómodas para entregar a los dueños de los perros junto con la comida ordenada. La promoción se hace en un día específico de la semana y fideliza un buen número de clientes. ¿Costo de la promoción? Cero.

El peor mesa del local

El propietario de un pequeño café tenía una mesa odiada por todos cerca de la puerta. Decidió bautizarla, la peor mesa del local, ofreciendo un descuento del 50% en la cuenta a quienquiera que se sentara allí para consumir. Éxito instantáneo de boca a boca. Algunas noches la gente esperaba 45 minutos por esa mesa. (¡Historia interesante para los periódicos!)

Blitz de barrio

Un nuevo banco local decidió probar el terreno enviando a sus gerentes a las empresas de la zona con un pequeño regalo, una taza con el logo del banco. En caso de que encontraran al propietario del negocio, simplemente preguntaban qué les gustaría mejorar del servicio bancario que estaban utilizando. De esta manera era fácil entender si había oportunidades para ellos de entrar en las grietas de los competidores.

CAPITOLO 9

El correo para vender

Aún hoy, la publicidad por correo funciona muy bien, incluso los e-commerce más famosos la utilizan, así que no escuches a aquellos que dicen que no sirve.

Con el correo puedes hacer cosas que con otros medios serían imposibles.

Micro targeting

Tomemos la "regla de las 5 casas". Supongamos que vendes alfombras y acabas de renovar la casa de Bob y Linda. Los habitantes de las 5 casas más cercanas a la recién renovada se convierten en prospectos muy interesantes porque conocen a Bob y Linda, quienes pueden convertirse en tus referentes.

Pero hay una manera más efectiva de esperar a que ellos promocionen la empresa por ti, gracias al correo. Puedes escribir una serie de 3 cartas de venta que testifiquen la satisfacción de Bob y Linda por tu servicio y ofrezcan un descuento a ellos por ser vecinos. El mismo principio se puede aplicar a restaurantes, tiendas, peluquerías, seguros, etc.

En promedio, uno de cada 5 responde a la oferta y te "desbloquea" otras 5 casas cercanas y así sucesivamente.

Alcanza a los nuevos vecinos

Cuando una persona se muda, generalmente necesita empezar de cero para encontrar médico, restaurantes, supermercados y tiendas de confianza.

Si de alguna manera puedes interceptar a estos nuevos vecinos, podrías tener una ventaja única sobre la competencia, especialmente si operas en una zona muy dinámica desde el punto de vista de los alquileres. Lo que siempre sugiero a mis clientes es crear un evento para los nuevos vecinos, abierto a todos o solo a los recién llegados. Dependiendo del área en la que operes, puede hacerse cada mes, cada 3 o cada 6 meses.

Es una oportunidad para conocerse con comida y bebidas gratis, sorteos de premios, etc.

Para asegurarte de dejar una impresión, puedes ir directamente a tocar a la puerta de los nuevos vecinos e invitarlos personalmente.

La pastelería de un cliente mío opera en una pequeña comunidad y aún así tiene a una persona encargada exclusivamente de entregar pasteles frescos a los nuevos residentes y nuevos negocios del área. Se presenta solo con este regalo de bienvenida, sin descuentos. Al día siguiente, reciben una carta con un cupón con fecha de vencimiento y casi todos lo canjean, porque primero recibieron un regalo amable.

Combinar el regalo y el cupón en este orden fideliza y genera ventas mucho más que hacer solo una de las dos cosas individualmente.

Las 2 mayores ventajas del correo

Primero, puedes estar donde nadie más tiene el coraje o las ganas de ir. Puedes presentarte de manera inusual y dramática enviando objetos extraños y divertidos. Aquí está la lista de cosas que he enviado a lo largo de los años:

- Guantes de horno

- Juguetes

- Papeleras

- Aspirinas

- Lentes de aumento

- Relojes

- Zapatos

- Muñecos

- Gomas gigantes "para grandes errores"

- Galletas

Algunos de los temas que puedes usar son:

- Atención: la información contenida es "too hot to handle" (demasiado caliente para manejar);

- Ha llegado el momento de desechar todas las viejas creencias sobre...

- Si tu proveedor actual de X te está causando dolor de cabeza

- El tiempo se está acabando

La segunda ventaja es que puedes obtener la atención que ningún otro medio podría darte.

Sea cual sea tu negocio, puedes crear un "paquete shock" para enviar a quienes soliciten más información. Con un cliente en el sector de las remodelaciones, creamos un paquete que contenía:

- Información escrita en una carta de venta de 12 páginas

- Un DVD con imágenes de trabajos realizados para otros clientes, con sus testimonios

- Una bolsa de palomitas y 2 cervezas para disfrutar durante el DVD

- Una guía paso a paso sobre la remodelación

- Una garantía de 5 años firmada a mano por el propietario

Considerando que los clientes, normalmente, contactan a más de una empresa antes de decidirse, ¿quién crees que ganará su atención y su confianza?

Recomendación por correo

Un día recibí una carta con la dirección escrita a mano de un conocido mío. La abrí inmediatamente y la leí, estaba curioso.

Nota importante: nunca des por sentado que la carta que envíes será entregada, abierta y leída. Haz siempre todo lo posible para asegurar que estas tres cosas sucedan.

La carta comenzaba así: Hola, hace tiempo que no hablamos y esta carta podría parecerte un poco extraña, pero te escribo acerca de mi fontanero.

Continuaba explicando cómo este fontanero había respondido rápidamente a una emergencia antes de una fiesta importante, salvando el evento. Luego, explicaba cómo, en casas de más de 5 años, este tipo de problemas podría ocurrir de un momento a otro, creando molestias costosas y desagradables. Finalmente, concluía sugiriendo llamarlo para una inspección para no tener que vivir nunca esa mala experiencia.

Este tipo de recomendación funciona muy bien si el cliente satisfecho es una persona respetable y con cierta influencia sobre un grupo de personas, aunque sea pequeño, porque el retorno de la inversión es muy alto.

CAPÍTULO 10

Inversiones digitales

Hoy en día, todos están en Internet, un mundo brillante y en constante cambio. En este capítulo veremos cómo evaluar bien los gastos según la necesidad, evitando desperdiciar dinero en un agujero negro.

El sitio web

Empecemos diciendo que todos necesitamos un sitio web. Muchos clientes potenciales quieren visitar el sitio antes de decidir si eres la elección correcta para ellos. Es importante, sin embargo, no dejarse arrastrar en gastos excesivos, creando sitios más complicados de lo que realmente necesitas.

Lo importante es que sea limpio, fácil de navegar, rápido y con toda la información que los clientes puedan necesitar. Deberías ser capaz (tú o un empleado/colaborador) de hacer cambios o agregar información como fotos y horarios sin tener que recurrir a un técnico, la autonomía es fundamental.

Ahora que tienes un sitio web, necesitas dirigir tráfico hacia él, no llegará automáticamente. Puedes hacerlo de varias maneras:

- **SEO** (Search Engine Optimization). Sigue las reglas de SEO confiando en expertos del sector y redactores SEO.

- **Google Ads.** Publicidad de Google.

- **PR.** Confía en agencias de PR que promuevan tu sitio según tus objetivos (Capítulo 12).

Cupones en la web

Piensa en Groupon o los descuentos de The Fork o Booking. A menudo son descuentos que no permiten tener un ingreso adecuado, pero puedes aprovecharlos de manera inteligente.

El objetivo debería ser dar a conocer tu negocio a nuevos clientes sin gastar en publicidad. A partir de ahí, depende de ti hacer todo lo posible para que esos clientes regresen y se fidelicen. Calcula bien cuánto descuento puedes ofrecer y por cuánto tiempo.

Si has tenido un gran retorno de una promoción a través de Groupon, no la repitas durante al menos otro año, no tendría sentido apuntar nuevamente a las mismas personas que acaban de descubrirte. A menos que sea una oferta para un servicio totalmente diferente.

CAPÍTULO 11

Publicidad exterior

La publicidad al aire libre es probablemente una de las formas más antiguas. Puede ser muy costosa, por eso veremos cómo maximizar su efecto.

Vehículos de marca

Puedes publicitar tu negocio con medios inusuales, como hizo nuestro cliente de una empresa de soporte técnico de computadoras. Compró un Volkswagen Beetle amarillo con su logo "¡Ayuda! Magos" escrito en ambos lados. Al menos una persona a la semana llama después de ver el Beetle por la ciudad.

No subestimes los carteles magnéticos para colocar en el vehículo en ciertos momentos del año o para promociones específicas.

Si usas tu vehículo para publicidad, asegúrate de que siempre esté limpio y, cuando no esté en uso, estacionado en áreas con mucho tráfico.

Carteles en jardines

El 75% de los trabajos de remodelación se generan a

partir de los clásicos carteles colocados en los jardines de las casas donde se están realizando los trabajos. Más que cualquier otra publicidad. Son baratos, reutilizables y crean una confianza increíble porque hay prueba de que alguien que conoces (tu vecino) confía en esa empresa.

Obviamente, debes pedir permiso al cliente para hacerlo, pero puede ser una forma de evitar una negociación sobre el precio. Dado el tamaño reducido de estos carteles, el mensaje debe ser simple y legible: qué haces y el número de teléfono.

Este tipo de carteles funciona solo para servicios que mejoran la casa, no para cosas embarazosas como fumigaciones, saneamientos de materiales tóxicos, etc.

Carteles publicitarios

Los más caros de todos son los carteles publicitarios gigantes. La única forma de saber si te son útiles es probar y rastrear cuántas personas llaman al número de teléfono exclusivamente dedicado, por ejemplo.

Generalmente, antes de elegir la ubicación, es recomendable hacer un recorrido en coche por los alrededores del área del cartel para entender cómo las personas pueden interactuar: distancia, tiempo de lectura, obstáculos a la vista, iluminación, etc. Pregunta si la agencia tiene espacios que cuestan menos o que no logran alquilar y encuentra soluciones creativas.

VERDAD N.9

Los carteles publicitarios son útiles solo si los conductores pueden leerlos: máximo 6 palabras, fuente legible y mensaje simple. Si no puedes hacerlo, no malgastes tu dinero de esta manera.

Elementos inflables y disfraces

Si tienes una ubicación bastante central, los elementos inflables o las "mascotas humanas" pueden atraer mucha atención a la entrada de tu negocio. Especialmente en ciertos períodos del año con un mayor flujo de personas, como por ejemplo durante las festividades más importantes.

CAPÍTULO 12

PR/Noticias locales y eventos

Recibir publicidad a través de relaciones públicas y noticias locales puede tener un impacto mayor que la simple publicidad. Tu historia se convierte en parte del entretenimiento, que es la verdadera razón por la que la gente lee una revista, escucha un programa de radio o mira un programa de televisión.

Lo más difícil es hacer tu historia lo suficientemente interesante como para que los reporteros quieran compartirla de manera autónoma para entretener a su audiencia.

Otra desventaja es que no puedes controlar lo que dicen de ti en el artículo, como lo harías con un patrocinio. Justamente estos motivos la hacen tan poderosa y creíble en comparación con la publicidad.

Si crees que no puedes hacerlo solo, debes confiar en una agencia de relaciones públicas que tenga buenos contactos a nivel local o nacional, dependiendo de tu objetivo.

Lo más importante es rastrear los resultados: estas campañas pueden ser costosas, por lo que es fundamental encontrar una manera de rastrear cuántas ventas generan (página de destino dedicada, número de teléfono exclusivo, etc.).

Cómo generar interés

Hay varias formas de generar publicidad: una gran apertura, cambio de gerencia, nuevos productos o servicios, recaudación de fondos.

También puedes estructurar el evento de manera que capture la atención de los medios: si has sido entrevistado en la televisión, puedes usar una foto tuya con el periodista para promocionar el evento o puedes invitar a invitados importantes a nivel local.

Trata de establecer un contacto con los medios locales y proporcionarles regularmente historias interesantes, podrías convertirte en el punto de referencia local, un experto en el campo.

Vender durante eventos

Cualquiera puede vender durante eventos de marketing, ya sean seminarios, talleres o incluso fiestas para agradecer a los clientes. Aquí tienes algunos consejos para asegurarte de aprovechar al máximo tu evento:

- No esperes que el evento se llene solo, debes publicitarlo adecuadamente;

- Planifica y publicita con tiempo, a nivel local se necesitan de 3 a 8 semanas de anticipación;

- Incentiva a las personas a reservar su boleto, de modo que puedas recoger sus datos y comenzar una secuencia de correos electrónicos informativos sobre el evento que generen curiosidad;

- Si estás realizando el evento en una ubicación diferente a tu sede/oficina, elige una con amplio estacionamiento, fácil de encontrar, lo suficientemente atractiva pero no excesivamente lujosa;

- Si puedes crear un evento temático que sea divertido e inusual, hazlo sin miedo. Crearás mucho más interés y boca a boca;

- Evita crear un evento aburrido, planifica pausas tácticas y momentos de entretenimiento, incluso si son breves.

Quiero darte un ejemplo de un "evento colaborativo" realizado en un centro comercial para el lanzamiento del nuevo libro de Harry Potter.

Los comerciantes crearon un evento nocturno en el que todos permanecían abiertos más allá del horario habitual, tiendas y restaurantes, y cada uno vendía gadgets o snacks temáticos. Los niños que llegaban disfrazados recibían el libro con descuento.

Gracias a las listas de contactos de las tiendas y restaurantes individuales, avisados con tiempo del evento, todos los participantes se beneficiaron de la colaboración y la visibilidad mutua. Dada la singularidad del evento, muchos clientes invitaron a amigos y familiares a participar y los comerciantes obtuvieron muchos nuevos clientes.

El último ejemplo que quiero darte es el de una cafetería en Tampa, Florida. Llamaron a este evento "Día de Apreciación del Cliente" y ofrecieron un 50% de descuento en todo.

Planificaron entretenimiento, comida y bebidas ilimitadas y organizaron todo para que el servicio siempre fuera excelente. El poder de una promoción de este tipo es que motiva a muchos nuevos clientes a probar nuestro negocio.

El precio es tan bajo que está claro que se trata de un evento único y aislado y no afecta la llamada "integridad del precio".

Ese día, las ventas se triplicaron y los clientes se cuadruplicaron. En el mes siguiente al evento, las ventas aumentaron un 13% porque la mitad de los nuevos clientes regresaron y compraron algo posteriormente. Alcanzar estos resultados con publicidad habría costado definitivamente mucho más.

También puedes decidir si crear eventos más pequeños para llenar los días más lentos de la semana.

Como siempre, encuentra la manera de rastrear todos los datos de la promoción, para entender qué funcionó y qué no, definiendo siempre el ROI de la promoción.

Note

Esta síntesis de *"Grassroots marketing for local small business"* ha sido cuidadosamente elaborada para difundir los principios del pensamiento de Kennedy en espanol. Forma parte de la famosa serie de libros "No B.S." creada por Dan Kennedy.

Dan Kennedy es uno de los más influyentes y significativos protagonistas del marketing de respuesta directa y, lamentablemente, sus libros están disponibles solo en inglés.

Aunque esta es una versión extremadamente resumida y sin las imágenes originales, estamos convencidos de que puede servir como trampolín para aquellos que no conocen bien el inglés, pero desean profundizar y aplicar su pensamiento.

El propósito de esta síntesis es puramente divulgativo, no pretendemos de ninguna manera reemplazar el libro original de Dan Kennedy (disponible en Amazon a través de código QR).

El equipo de Ediciones Esencia

www.ingramcontent.com/pod-product-compliance
Lightning Source LLC
Chambersburg PA
CBHW070946290526
45795CB00005B/1657